JN408749

처음 가는 길

처음 가는 길

김만옥 제4시집

해암

| 시인의 말 |

네 번째 시집이다.
아직은 지혜로운 눈과 따뜻한 가슴이 더 필요하다.

문학은 자유로운 창의성과 상상력의 발현을 통해
독창적인 예술로 승화시킴으로써 독자들과 공감
할 수 있다.
누구나 내면의 세계를 드러내기가 쉽지 않다.
두렵기도 하고 설레기도 한다.
미흡하지만 독자들과의 디딤돌을 놓는 심정으로
이 시집을 내고자 한다.

함께 공감할 수 있는 글이 되어 이웃들에게
편안하게 다가갈 수 있기를 희망해본다.

2024년

성지곡 삶터 서재에서

| 차 례 |

1부

2부

| 차 례 |

3부

4부

| 차 례 |

5부

1부

흔적

붉게 물든 노을 속으로
부지런히 달려온 길이 잠겨든다
지척 어디쯤에서 들려오던
안간힘으로 버티던 비명소리 들으면서
용케도 살아남은 자의 변명 같은
칼바람 소리에 귀 기울인다
기다림은 언제나 시간을 견디는 일
급할 것 하나 없는 데도
심장을 다그치는 초침 소리에 허겁지겁
어둠이 물든 침묵을 불 밝힌다
이승의 끝자락에 발 걸친 채
끝내 떨쳐버리지 못한 미련들 위로
흔적조차 없어질 흔적 하나
허공중에 남기려한다
영원한 그리움에 젖어 산 원죄 하나가
바람 한 점 구름 물고 툭 떨어진다

안개는 문화다

발 없고 길이 없어도
눈멀고 귀가 멀어도 어디든 간다
작은 바위섬 무인도를 통과하고
항구마다 정박하면서
찬란한 레온사인을 안고 돌다가
멀미를 하거나 입덧을 하기도 하지만
바람에 잠시 흔들릴 뿐 갈 길을 간다
비 오는 거리를 어슬렁거리면서
낯선 거리 처마 끝을 찰랑대면서
정 많은 해안가 사람들 가슴을 점령한 채
섬을 온통 혼란에 빠뜨리기도 하지만
질투하는 사람들 허리춤을 감고 돌며
틈만 나면 비집고 들어가 달아오른다
기습한파와 열대야에 무릎을 꿇으며
때론 원시림의 늪에 빠지고
사막의 황홀한 모래언덕에 묻혀서
흔적 없이 사라질 때도 있지만

꿈틀대는 욕망이 동서남북으로
비밀리에 또는 분주하게 옮겨 앉아
색깔과 향기에 맞는 제각각의 자세를 잡는다
안개는 흩어져 사라져도 안개다
바람과 어울려 흩어지는 듯 다시 모이고
감시가 심한 곳은 낮은 포복으로 건너면서
끈질긴 생명력으로 살아남아
푸른빛의 프리즘을 통과하면서 알갱이
하나하나가 세련된 특색 있는 문화가 된다

거리에 대한 단상斷想

서로 바라보는 시간을 거리距離라하면
밤하늘의 별빛이 내게로 오고
꽃이 내게 향기로 다가와
잔잔한 감동으로 물결치는 그 시간
마음과 마음이 닿는 데 걸리는 시간을
견우와 직녀의 거리라 부르자
살면서 가장 가까웠던 거리는
한순간도 외롭게 둘 수 없는
오직 나만의 사람을 바라보는 시간이다
너와 나의 거리가 사라져
위대한 사랑이 몸져누울 때
싸늘히 식어가는 것에 대한 아득함이여
세상에서 가장 먼 거리는
멀어져 가는 사랑을 바라보는 시간이다
발효된 그리움이 슬픔으로 분양되어

한 걸음 다가서면 두 걸음 멀어져 가는
품을 수 없는 가슴 저린 사랑이여
이 세상 가장 먼 거리에 서서 그려보는
가장 가까웠던 순간의 그리움이여

겨울산

벌거벗은 몸으로
칼바람에 맞서는 이유를 조금은 알겠네
뼈만 앙상한 몸으로 명상에
빠져있는 이유를 이제야 어렴풋이 알겠네
젊고 화려했던 옷치장 다 벗어던지고
빈 몸으로 마주 서보면
작고 여린 이웃들 한눈에 보이지
풀벌레 합창 소리 아름답게 들려오지
빛을 좇아 웃자란 교만으로 낯설게 살아온 날들
아름다운 숲이 춥고 어둠이 되는 줄 몰랐네
꺾이고 뽑혀져 메말라 죽어가도 몰랐네
발아래에도 생명이 있다는 것을
때가 되면 꽃이 피고 짐승들 뛰논다는 것을
자만과 교만, 가진 것 모두를
벗어버린 뒤라야 진실이 보여진다는 것을
칼바람에 맞서는 겨울 산에 와보고 나서야
웅웅 소리 내어 우는 그 뜻을 알겠네
벌거벗고서 명상에 잠긴 이유를 알겠네

처음 가는 길

왔던 길은 이미 길이 아니다
새로운 문을 열어야 나오는 길
길은 어디든 갈 수 있지만
가지 않으면 또한 길이 아니다
무작정 앞서가거나
게으름을 피우며 뒤처질 수도 없다
갈 수 없는 길을 고집하거나
왔던 길로 되돌아갈 수도 없고
오직 정해진 만큼만 가야 하는
한 번도 가 보지 못한
처음 가는 낯선 길이다
꽃길이든 가시밭길이든
앞으로만 열려 있는
거룩한 성전에 드는 노년의 길이다
좋은 날을 택하여 가고 싶다
아름다운 길을 닦으며 걷고 싶다
마음 편히 되돌아볼 수 있는
그리움 가득 드리운 길을 만들고 싶다

둘레길

급하다고 곧바로 정상에 오르고 나면
둘레길은 볼 수가 없다
나무에 가리고 숲에 묻혀버려
생의 아름다운 순간들을 바라볼 수가 없다
숲 사이로 계곡이 있고, 너른 들판을 지나
갯벌의 매력으로 지루할 틈이 없는 길
바쁘다고 서둘러 지나쳐버리면
풋풋한 삶의 활기를 느껴볼 수가 없다
바람의 얘기도 들어보고
새들에게도 궁금한 안부를 물어보고
가장 낮은 자세로 풀꽃들에게도 눈 맞추어
어깨동무를 하면서
바보처럼 내일을 위해 오늘을 잊고 사는
고집스런 삶을 반성도 하면서
이곳저곳을 슬기롭게 둘러보며 가는 길
충분히 외롭고 아파보고 거듭나야 한다
인생은 누구에게나 소중한 것이며

사랑은 매 순간 아름답고 가슴 뛰지만
즐기지 못한다면 아무런 가치가 없다
정상에 오른다고,
정상을 올랐다고 전부를 느낄 수는 없다
변두리를 밟지 않고는 중심에 닿을 수 없다
둘레길을 부지런히 걷는다는 것은
헛되게 늙을 틈을 주지 않는 일이다

그리움의 주소

못 견디게 외로울 때나
누군가가 사무치게 보고 싶을 때
미련 없이 달려와 주는 친구가 있다
말도 없이 묵묵히 옆에만 있어 주는
짓궂게 불러볼 별명도 하나 없이
필요할 때 가장 적당한 온도로
가장 맛깔스런 표정으로 맞장구 쳐 주는
내 마음을 가장 잘 이해하는 친구다
긴 세월 동안 한 번도 배신하지 않고
달달하게 내 곁을 지켜주는 든든한 친구
혼자 있게 내버려 두지를 않는다
아예 외로울 틈을 주지 않는다
언제 어디서나 그림자 같은 나의 분신이다
동반자로 평생을 함께했지만
불평이나 불만 같은 것도 없다

한 번도 내가 먼저 불러본 적이 없고
은밀히 고백할 기회를 주지 않는다
편지 쓸 일이 없으니 주소를 모른다
내 그리움은 주소가 없다

웃음의 현주소

웃음이 둥글다는 생각 해 본 적 없지만
웃음이 가장 아름답고 향기로울 때가
거침없이 나둥그러질 때라는 것을
낯선 웃음과 동거해보고 나서야 알았다
어색하게 억지로 웃는 웃음이나
감각 잃은 철 지난 비웃음은
새털구름 같은 쌈박한 맛이 없다
예상치 못한 곳에서 배달되어 오거나
발신인도 수취인도 없이 올 때에는
열반에 들도록 목젖이 보이게 웃어야 하고
날카로운 모서리를 몇 바퀴 돌아올 때는
배꼽 잡은 흔적이 역력하도록
해탈할 만큼 등 구부려 웃어줘야 한다
웃음은 많이 웃을수록 둥그러진다는 것을
이력이 나도록

웃음 밭에 미끄러져 보고야 알았다
아무리 먹어도 배탈 나지 않는 웃음
웃음의 현주소는 살아있는 부처다
지구촌 곳곳을 누비는 자비의 꽃이다

주인이 없는 것들

주인이 없다는 것은
모두가 주인이라는 뜻
찰랑이는 공기와 은혜로운 햇살이 그렇고
반가운 산들바람이 또한 그렇다
밤하늘 별빛과
일곱 빛깔 무지개와
찬란한 오로라가 또한 그렇듯이
매미 소리 역시 듣는 사람이 주인이 된다
어느 한 사람만의 것이 될 수 없는
광장에 서보면 안다
침묵으로 가득 채워진 광장 틈바구니엔
사람들이 남기고 간 이야기와
여행에서 갓 돌아온 식지 않은 뉴스들이
꺾을 수 없는 열망의 꽃을 피운다는 것을
새들이 재잘대며 창공을 지나다녀도
은근슬쩍 발자국을 남긴 적 없듯이

세상의 모든 주인 없는 것들은
잘난 척 우쭐대거나
자신의 흔적을 남긴 적 없지만
모두가 그 자체만으로 소중하다는 것을

촛불

한시도 눈물이 없으면 죽은 몸
내가 흘리는 눈물은 그래서 뜨겁다
하염없이 스스로를 태우며
근심과 고뇌마저도 함께 살라버린다
방울지는 눈물은 수정처럼 맑고
자비로운 두 손 모으게 하는
경건한 불빛은 천사의 향기로 은은하다
속절없는 세상의 근심들이
바람 앞에 흔들릴 때
더욱 강렬한 빛으로 나부끼는 불빛
내가 있어야 할 곳은
인적 드문 깊은 산 계곡이거나
어둡고 긴 동굴 같은 곳이거나
어머니 정성이 머무는 정화수 그릇 옆
하지만 어쩌랴

가끔 한 번씩 길을 잃고 방황하거나
바람에 휩쓸려 거리로 나설 때에는
빛도 뜨거움도 경건함마저 사라져버린
의미 없는 눈물이 되고 마는 것을

느린 우체통

지구를 떠도는 행성이다
편지지에 박힌 순수한 눈빛과
외눈박이 기다림과
부화하지 못한 현실의 시간들이
그리움으로 머무는 정거장이다
한 바구니의 농담과
한 계절의 웃음과
한 생애의 슬픔이
알맞은 양념으로 숙성되면서
눈이 내리고
꽃들은 피었다 지고
뾰족한 비바람이 어깨를 더듬는 동안
내가 키워온 유순했던 그 사랑은
지금쯤 어느 별에 가 닿았는지
삼백육십오일 잘 삭혀진 후에 배달된다는
느린 우체통은
반백 년이 지난 지금도 입 벌리고 서있다

불꽃놀이

해마다 이맘때면
가슴 설레는 불꽃놀이 쇼

산과 들 봄 동산을 울리는 총소리들
그리운 눈길 닿는 곳마다
곱고 찬란한 폭죽이 터지고 있다
아련히 빛나는
밤하늘의 불꽃놀이가 아니다
겨우내 메말랐던 가슴을 향해
밤낮을 가리지 않고
정열을 불사르고 있는 꽃의 행렬
담장 밑으론 노란 개나리꽃
골목길 돌아들면 화사한 목련꽃다발
눈꽃 피어나는 벚꽃 터널을 지나
울긋불긋 진달래 살구꽃 산수유꽃
이보다 더 화려한 불꽃놀이는 없다
산 계곡 곳곳마다
세상을 향해 거침없이 폭죽을 터뜨리고 있다

희망

모두를 만족시킬 수는 없지만

순수한
나만의 향기로
사랑하는 사람을 웃게 만들고 싶다

밤이 오면
온 세상에 어둠이 내릴 것이나

내 마음은
결코
어둠에 젖지 않을 것이다

시인의 가슴처럼

눈이 녹으면 어떻게 될까?
그야 물이 되지 뭐

그럼, 얼음이 녹으면?
마찬가지로 물이 되잖아

그래 맞아 그런데,
세상은 그렇게 단순하지만은 않아

눈이 녹고 얼음이 녹으면 봄이 와
꽃피고 새가 우는 봄이 오는 거야

시인의 가슴처럼
모든 걸 따뜻하게 품어줄
새로운 세상이 오는 거야

김 만 옥 제4시집

처음 가는 길

2부

기도합니다

힘들고 아플 때
서로에게 기댈 수 있는
마음 편한 우리이기를 기도합니다

세상 모두가 나를 비난 할 때도
묵묵히 서로를 믿고 나아갈 수 있는
우리이기를 기도합니다

폭풍이 지나간 자리
풍랑이 휩쓸고 간 그 참담한 자리에
파릇한 새싹을 키울 수 있기를 기도합니다

언제나 사랑이 되어주고
항상 위로가 되어주는
그대와 나이기를 기도합니다

(2015.05.21.木. 부부의 날에)

커피 한 잔의 행복

부끄러움의 크기만 한 누더기를 걸친
허수아비가 들판에 서 있고
바람 한 점 입에 문 참새 한 마리
고요한 연못으로 날아든다. 순간
파문이 일며 지진으로 무너져내리는 잔상과
쓰나미에 잠겨 들던 기억이 겹쳐지고
평생 허리 펴보지 못하고 살다 간 어머니의
불러주지 못했던 이름 석 자와 마주한다
침묵으로 가라앉고 마는 지난 세월의 무게
그리운 것은 모두 가라앉거나 바람이 된다
허수아비와 놀아나던 바람은
이름 모를 어느 사막 모래 속으로 생을 숨기고
한 시절 배꼽을 잡게 했던 참새 시리즈도
땀 송송 맺히게 했던 여름과 함께 잊혀져 갈 때면
시간과 시간 사이에 매듭이 생길 때마다
창가에 앉아 커피를 마신다

햇볕 말고도 반짝이는 그리움들 너무 많아
미소로 머무는 햇살 한 스푼 입에 물고
남쪽으로 난 창가에 앉으면 행복하다

얼굴을 잊고 산다

거울 속에는
세 개의 얼굴이 숨어있다
과거와 현재와 미래의 얼굴
하지만 어느 것도 내키지 않아
거울을 멀리한 채 잊고 산다

땀 젖은 꿈 꾸는 얼굴이나
매력 넘치는 근사한
얼굴로 착각하고 살지만
웃는 날보다
찡그리는 날이 더 많아
언제나 못난이 얼굴로 산다

거울을 보지 않는 날은
얼굴을 잊고 산다
현실에서 얻을 수 없는 행복보다
잊고 살 때의 편안함이 더 좋다

거짓말 2

잠시라도
만난다는 것이
기쁨이고 행복인 것을

당신이 알고
내가
아는데

아무리
아니라고 우겨 봐도
새빨간 거짓말

마음

부자들을 보면 '열심히 살았구나' 하고
자식 잘 키운 부모들을 보면
'복 많이 지었구나' 하는 생각이 들고

장애인이나 억울한 죄인들을 보면
연민과 안타까움에 가슴이 시리고
고통에 허우적대는 사람들을 보면
울고 싶은 마음이지만

믿음이 생활화된 사람들을 보면
'정말 복 받겠구나' 하는 생각이 들고
만족할 줄 아는 사람들 앞에 서면
부끄러움과 부러움이 일어
삶이 쓸쓸해지기도 하는데

볼 수도 잡을 수도
맛으로 느낄 수도 없지만

쳐다볼 줄도 알고
내려다볼 줄도 아는
내가 지닌 최고의 값진 보물이다

별

반짝이지 않으면 별이 아닌 세상
잠들지 못한 채
바라보고 있는 난 별이 아니다

웃거나 울거나
하고 싶은 것이 많을 때
별 중에 큰 별이 되어
세상의 모든 외로움을 비추고 싶다

할 말 많은 생인데
반짝이기만 할 뿐
침묵으로 일관하는
그 마음을 열어 보고 싶다

카드 하나면 문이 열리는 세상
세상을 열고 들어갈 비밀번호는
아리송한 수수께끼다
자고 나면 자릿수만 자꾸 늘어난다

부부

한때는
나란히 서서
같은 곳을 바라보고

때로는
등 돌린 채
다른 곳을 바라보며

참 먼 길을 가는구나
하고 돌아보면
그 자리고

참 먼 길을 왔구나 하고
다시 봐도
또 그 자리네

부채를 잃어버리고

집으로 돌아오는 길
어디에선가 부채를 잃어버렸다
더위와 씨름하느라
날마다 애인처럼 품고 살았는데
지하철에선가 버스에선가
시원한 에어컨 바람에 잠시
정신 줄을 놓은 때인지도 모른다
세계 곳곳에서 발생하는 산불과
빙하마저 녹아내리는 찜통 지구를 식히는데
부채만큼 요긴한 것이 또 있을까
에어컨 바람에 넋을 잃은 사이
하나둘 잃어가고 있는 지구의 아픔을
부채를 잃고 나서 알았다
잃는다는 것은 하찮은 것일지라도
허물없이 가까이했던 만큼의
함께 했던 시간이 더 아프다는 것을
쉽고 편한 맛에 중독되어

귀한 것을 잃고도 깨닫지 못한다는 것을
이것저것 잃다가 기억도 잃어버리고
자신도 잃어버리고 나면
오늘, 내일 어쩌면 모레쯤엔
살아갈 지구마저 잃어버릴지도 모른다

이별 공식

매일 이별을 하고 살지만
헤어짐은 진정 이별이 아니다
하루에도 몇 번 만났다 헤어지기를 거듭하는
둥근 얼굴도 있고 네모난 얼굴도 있지만
흘러간 물 위로 떠나가 버린 시간처럼
다시 만나지 못하는 것이 이별이다
사라져 돌아오지 못하는 것이 이별이다
선택을 종용하거나 강제하기도 하는 이별은
두렵고 고독한 또 다른 출발이자
자유와 미래를 열어주는 상큼한 열쇠다
아픈 과거를 통째로 놓아주고
새로운 것들을 눈여겨 살피면서
익숙한 것들과의 관계를 정리해야 한다
낡고 따분한 쉰내 나는 일상이나
몸에 맞지 않는 거추장스런 옷들을
한 겹씩 벗어던지는 절제된 용기

가을이 오기 전에 여름을 방류하듯
미련을 덧대지 않을 방법을 모색해야 한다
내일을 향한 새로운 문을 열기 위해서는
믿음으로 안주하려는 안이한 생각들과
크고 뜨겁게 날카로운 이별을 고해야 한다

성공한 사람

건강과 친구가 가난한 사람은
성공한 사람이 아니다
나이 산수傘壽를 넘기고도 허물없이
남녀노소 어울려
웃음을 나눌 수 있는 사람
억지로 흉내 내거나
마음만 젊다고 되는 것은 아니다
생각과 행동이 젊어야 한다
나이가 많다고,
돈이 많다고 성공한 것은 아니다
성공한 사람은 속마음을 나눌 수 있는
친구가 있고 가족이 있고
건강이 행복을 지켜주는 사람이다
부富와 건강과 친구에 대한 욕심을
알맞게 잘 조절한
성공한 사람의 욕심은 아름답다

진정 성공한 사람은
언제든 곁에 머무는 사람이 있어
외로울 틈이 없는 사람이다
행복을 즐겁게 갈무리할 줄 아는
존경받는 부러운 사람이다

잠

먼 길을 준비하는 단거리 여행이다
날마다 다른 곳을 향해
밤마다 낯선 간이역을 통과하면서
몇 번씩 몸을 뒤척이기도 한다
불면의 고통에 시달리기도 하는
꿈을 꾸는 날은
거친 풍랑을 만나는 날이거나
꽃보다 곱다는 단풍 숲을 거니는 날이다
끙끙대며 쉬이 잠들지 못하는 날은
표가 매진된 피서철 휴양지 소식에
까만 밤을 하얗게 태우며 발을 동동 구른다
불면증을 앓는다는 것은
과민한 신경 탓이 아니라
일상을 즐길 줄 모르는 스트레스 때문이다
끝없는 외로운 길을 향한 여행이지만

오늘은 어디에서 누구를 만나
머물지 못하는 바람 얘기로 잔을 채울지
다시 돌아오리란 확신도 없이
날마다 두려움 없이 떠나는 무전여행無錢旅行

녹명* 鹿鳴

어찌 아름답지 않으랴
사랑을 알고
눈물을 간직한 모든 생명의 소리

누가 슬픈 소리라 말하는가
바람과 하늘을 스쳐 가는
생명이 있는 모든 것들의 울음소리

사슴이 부르는 소리(鹿鳴)를 들어보라
먹이를 발견한 사슴이
동료를 부르는
세상에서 가장 아름다운 울음소리다

울음은 마음의 언어다
사람이 꽃보다 아름다울 수 있는 것은

함께 살고자 하는
사슴의 울음소리를 낼 수 있기 때문이다

* 녹명鹿鳴 : 먹이를 발견한 사슴이 함께 먹기 위해 동료 사슴을 부르는 소리

단풍꽃

고요가 앉았다 날아간
바람의 날개 끝에 어여쁜 꽃이 핀다
봄은 올 때마다 새봄인데
장마로 얼룩진 지난여름은 철이 없었다
한 가슴에만 머물지 못할
가을은 또 어떤 색을 몰고 달려올 건지
사랑이 아무리 신음을 한다 해도 돌아보면
나쁜 사랑은 없었다
벌레 먹은 단풍잎이 더 고왔다
짓궂은 바람이 꽃을 피우는 동안
바라보는 내 마음을 색깔별로 칠한 꽃
남몰래 일곱 빛깔 무지개를 그린
여백의 마루 끝에 은유로 피어나는 꽃

3부

비밀번호

자꾸만
날 보고 웃기에
나도 따라 웃었고

가려운 내 마음
재치 있게 긁어주기에
관심을 가졌는데

나도 모르게
마음을 비집고 들어와
소문까지 달고 다니는 사람

느슨해진 마음의 창문에
빗장을 걸고
비밀번호를 설정했어요

꿈

내 가슴속에 오붓한 내음
가만가만 가을은 오고
어느 곳 하나 안 묻은 데 없는
가을 내음

코스모스가 마구 피어나듯
길섶 마른 가지들에 걸린
가녀린 추억은
저희끼리 모여앉아
톡탁 톡탁
결실을 다툰다

사랑이 잠시 머뭇거려 주었어도
좋았을 어느 날의 밀어는
따가운 햇살의 마지막 기슭을
넘는데……

오가지도 못할

나그네의 머무름인가!

그 꽃잎

뚝뚝 떨어지는 꿈은

마냥 돌아만 온다

(고교 3학년-국민교육헌장 이념구현

전국문예경시대회 장원 作)

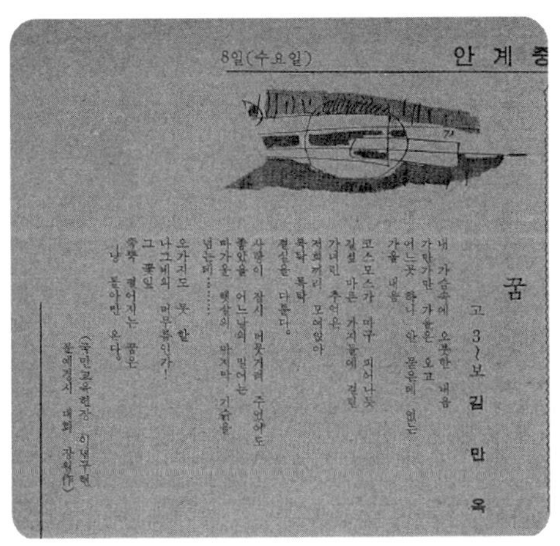

8일(수요일) 안 계 중

꿈

고3~보 김 만 옥

내 가슴속에 오롯한 내음
가만가만 가슴은 오고
어느곳 하나 안 물은데 없는
가을 내음
코스모스가 마구 피어나듯
길섶 마른 가지들에 걸린
가녀린 추억은
저희끼리 모여앉아
[illegible]
결실을 다툰다.
사랑이 잠시 머뭇거려 주었어도
좋았을 어느날의 [illegible]
따가운 햇살의 마지막 [illegible]
넘는데……
오가지도 못 할
나그네의 머무름인가!
그 꽃잎
뚝뚝 떨어지는 꿈은
낭 돌아만 온다.

(국민교육헌장 이념구현
문예경시 대회 장원作)

균형을 말한다

꽃잎 하나 툭 떨어져
시간이 금이 가고
팽창하던 풍선 하나 터져버리면
긴장된 시간은 파편으로 흩어진다

흔들림은 중심에서부터 시작되고
중심은 생의 변곡점이 되어
한 줌의 햇살과
한 조각의 빛도 제 자리에서 아름답다

기울기 하나
흔들림 하나도 놓치지 않는 세상은
진정 균형均衡으로 아름다울 터
균형은 초심을 잃지 않는 사랑이다

그대에게 항상 내 마음이 기울어 있어
세상이 기운 줄만 알았는데
기쁨과 슬픔의 무게를 저울질해대는
거울 속 내 마음이 흔들리고 있다

지우개와 연필

지우고 다시 쓰고 싶은데
어떤 것을 지우고 무엇을 써야 할지
쓰는 것이 먼저인지
지우는 것이 먼저인지
살면서 수없이 지우고 싶었지만
몇 번을 다시 고쳐 쓰고 싶었지만
마음대로 지울 수도 다시 쓸 수도 없는
인생이란 이야기
많이 지우고 쉽게 쓰며 살아가는
별난 사람도 있지만
후회도 곧잘 하는 지워야 할 사람이다
누구나 가슴 속에 품고 있는 지우개와 연필
어느 때 어떤 것을 지우고
어떤 새로운 그림을 그릴 것인지
틈날 때마다 지우개를 들었다가
연필을 들었다가 고개만 갸우뚱거린다

그 사람에게도

그 사람에게도 아픔이
있었다는 걸 까맣게 몰랐습니다
하루 이틀 눈빛이 쌓여가고
발가락 끝만큼 조금씩 다가서면서
그 사람에게도 속 아린
추억이란 게 있었다는 걸 알았습니다
몸의 상처만 아픈 것인 줄 알았는데
그 사람에게서 흘러내리는
곰삭은 그리움도 아픔으로 뒤척이는걸
엿듣고 냄새 맡게 되는 날이 많아졌습니다
그 여린 사람을 아프게 하고
그리움에 젖게 하는 것이
함께 했던 수많은 날을 행복하다고
고백하지 못한 쑥스러움이란 것을
빈자리가 허전한 지금에서야 알았습니다

행복의 첫걸음

꽃은 향기가 있어 좋고
별은 멀어 그리워서 좋다
행복이 그러하듯
좋은 것은 누구에게나 다 좋다
비싼 것도 아니고
힘이 드는 것도 아닌
평범한 일상이 가져다주는 행복
행복의 첫걸음은
지금을 즐기는 일이다
지금은 바로 금(金)이다
있는 그대로
보이는 그대로
가진 것 그대로를 즐기는 일이다
지금이란 순간은
바로 행복을 낳는 황금알이다

미완성

사랑한다고
죽도록
사랑한다고 말해놓고

세월이
한참이나
지난 지금

사랑도
얻지 못하고
아직 죽지도 못했네

친구라는 이름

생각만 해도 기분 좋은 이름
친구가 참 많다 생각했는데
외롭고 힘든 지금
막상 전화 한 통 할 곳 없다
'잘 살았다고 자부했는데..' 독백을 해 보지만
얼굴을 보는 것만으로도
씩 웃으며 악수 한 번 하는 것만으로도
힘이 되고 약이 되는 진짜 친구가 아쉽다
'먹고 살기 바쁜 탓이지...' 애써 위안해 보지만
가슴이 허전한 건 어쩔 수 없다
힘들거나 사람이 그리워 부르면
핑계되지 않고 무작정 달려올 수 있는
그런 친구는 얼마면 살 수 있을까?
가슴속에 녹 쓴 외로움을 수시로
닦아줄 수 있는 광약 같은 친구는 없을까?

계산 않고 허물없이 어울려 살았던
개구쟁이 친구의 환영幻影에 사로잡혀
난 지금 들뜬 마음으로
내 반쪽 같은 친구를 그리워하고 있다

웃음꽃 2

그대로가 좋다
마음을 활짝 열어젖히는
최고가 되기 위해
인내하고 땀 흘리는 당신의 웃음

계산하거나 꾸밈없이
매사에 감사하며 꽃피우는
만족을 아는 당신
꽃 중의 꽃은 웃음꽃이다

부족하지도
넘치지도 않는
세상에서 가장 아름다운
당신의 웃음꽃

두려운 일

머물지 않는다는 것을 잘 알면서도
아무것도 할 수 없었다
강물에 떠내려가는 자신을
그저 바라만 보고 있었다

미워하진 않지만
사랑하지도 않는다는 말
가끔 궁금할 때도 있지만
그리워지지는 않는다는 말
욕도 원망도 칭찬도
관심 두고 싶지 않다는 그 말

붙잡으려고 생각하다가
버티려고 애써보다가
그리움에 설탕 한 스푼 타려다가
끝내 돌아서서 독백처럼 내뱉는
삼삭 잃은 서글픈 자조적인 말들

안다

안다 너의 절망을
알고 있다 너의 고통을
말로는 다 할 수 없는 그 참상을
어쩌랴
할 수 있는 것이 말뿐인 것을
그것마저도 숨통이 막혀오는 것을

바람이 구름에 부딪혀 툭 떨어진다
세상의 모든 것들을 두 눈에 담자
마음을 편안히 가지니
보이지 않던 것들이 보인다
애증이 가지를 떠나고 있다
바람이 자유를 알아 지그재그로 달린다

안다
아무것도 할 수 없을 때는
눈마저 감을 수 없다는 것을

너를 기억하기 위해 너를 잊어야 한다는 것을
바람이 자유를 얻을 때까지
기다려야 한다는 것을

석별의 노래

이제는 떠나야 할 시간
긴 세월 돌고 돌아 이 자리에 섰습니다

앞서간 사람들을 지켜보면서
조금씩 떠나는 연습을 해오긴 했지만
막상 닥치고 보니
무정한 세월이 야속하기만 합니다

붙잡아 주기를 바라지도 않지만
남아서는 안 된다는 것을 더 잘 알기에
비록 청운의 꿈을 다 펼쳐보진 못했지만
모든 아쉬움과 미련들을 그리움으로 날려 보내며
뒤돌아보지 않고 훨훨 날아가렵니다

부딪히고 넘어져 아파하기도 했고
분노하며 쓰라린 눈물 삼키기도 했지만
든든한 울타리 안에서

가정이라는 소중한 꿈을 일구면서
값진 인연으로 맺어진 선·후배님들과
동고동락한 시간들은 정말 행복했습니다

말없이 흘러가는 강물을 바라보며
열정을 담았던 지난날을 그리워하다
오늘 내가 이렇게 떠나고 나면
내일엔 또 누군가가 이 자리에 서서
뒤돌아보며 한세월을 아쉬워하겠지요
사랑하고 그리워하며 살다 간 자리마다
못다 한 꿈들이 아련히 맺혀져 있을 테지요

(부산경남지역본부세관 정년퇴임식에서)

당연한 말씀

몇 번을 읽고 거듭 읽어본다
다시 또 찬찬히 읽는다
시 창작詩 創作 이론대로
앞뒤 문맥을 살펴 주제를 생각해 보고
이미지의 연결을 따져 은유를 찾아봐도
감동이나 재미,
흔히 말하는 어떤 심쿵도 느낄 수 없다
시차를 두고 다시 반복해서 읽는다
도무지 무슨 말을 하는지
무엇을 말하려는지 알 수가 없다
시인이라는 이름이 부끄럽고
자존심이 상한다
시가 어렵다는 말 당연한 말씀
하지만 그게 끝이 아니다
한술 더 뜨는 한심한 자들이 있다
북 치고 장구 쳐가며 저들끼리 잘 논다
자화자찬이 기고만장에 이른다

유유상종하든 말든 내 알 바 아니나
문학을 논하는 자들이 마치
무슨 암호 해독하는 격이니
좋은 작품을 기다리는 독자들은 어찌 할꼬

김 만 옥 제4시집

처음 가는 길

4부

하늘과 바다

이보다 큰 사랑은 없다
이보다 위대한 것은 없다
보고도 못 본 척
알고도 모르는 척
그저 바라보기만 할 뿐 말이 없다
모든 것을 다 내려다보고 있는 하늘과
모든 것을 무조건 다 받아주는 바다
모르는 것이 없고 안 되는 것이 없지만
하늘은 평생 바다만 바라보고
바다는 평생 하늘만 바라기 한다
하늘이 바다의 품속에 들어
베개송사를 할 때도
묻거나 궁금해하지 않고
서로의 비밀을 끝까지 지켜낸다

이런 사람

고상한 척하지만
품위가 없고

우아한 척하지만
품격이 없어

몸에 어울리지 않는 옷을 입고
음정이 맞지 않는
노래를 부르고 있는 사람

남들은 다 아는데
본인만 모르는 안타까운 사람

천국 가는 길

어찌 살아야 잘 사는 건지
아무도 가 본 사람 없는
천국 가는 길을
너도나도 간절히 묻고 있다
노인을 공경하고
어린이를 사랑하며
왼손이 하는 일을 오른손 모르게
봉사활동도 많이 하고
진심으로 남이 잘되기를 기도하며
무조건 감사하는 마음으로 살면
그러면 천국에 갈 수 있을까요
천사가 묻는다 해도 대답은 오로지
'노' 무뚝뚝한 그 한마디뿐
살아서는 누구든 갈 수 없는
오직 죽어야만 길이 열리는 곳
천국도 지옥도 죽음이 답인 것을

2월 마지막 날에

봄이 온다고 좋아했는데
새벽엔 가뭄을 적셔줄 비 소식에
은근히 좋아라했는데
그만 예상 못 한 일격을 당하고 말았다
아내가 코로나19 확진 판정을 받았다
평소보다 많이 늦은 귀가 시간에
설마 했는데 역시나 가 되고 말았다
꼬꾸라지듯 쓰러지는 초췌한 아내의 모습
처음 본 놀람을 넘은 충격 그 자체였다
심한 호흡곤란과 극심한 통증을 동반한 가래 기침
견딜 수 없는 고통에 몸부림치는 한 마리
여린 짐승을 지켜 봐야 했던 비련의 시간
천우신조 아니면 간절함 덕분이었을까
119를 호출하고 구급대원들의 고마운 협조로
목숨만큼이나 귀한 응급실 병상을 확보하여
사이렌을 울리며 병원으로 달려가 입원했다

1초가 여삼추 같은데 야속하게도
약한 혈관이 자꾸만 터져 링겔 주사바늘을
꼽지 못해 진땀을 흘리는 간호사의 모습은
왜 그리도 속상하고 안타까운지
링겔액과 항생제가 투여되면서 조금씩
안정을 되찾아가는 아내의 모습을 지켜보며
2월의 마지막 밤 어둠을 불살랐다
혈관을 타고 흐르는 저 액체가 구세주라니
감사하고 그저 고맙다는 말 밖에는
단비가 새벽을 적셔준 그 시간을 충전하며
아내와 함께 택시에 몸을 실었다
자비로운 역사가 쓰여진 일장춘몽의 하룻밤
(삼선병원 응급실에서)

내 나이는

내 사전에 늙는다는 말은 지웠어

나이가 많다는 것이
부끄러운 일도 아닌데
죄를 지은 것도 아닌데
왜 자꾸 맘이 서글퍼지는지
친한 벗들이 하나둘 떠나가도
놀랄 일도 아니야
덤덤하게 받아들일 나이인데
나도 몰래 자꾸만 위축이 돼
길을 잃어도 두렵지 않고
외로움도 이력이 난 지금
마지막 이별을 앞에 두고
몇 번의 이별을 더 한다 해도
이상할 것 하나 없는 나이인데
모두 다 그르려니 하고
웃어넘기면 되는 그런 나이인데

왜 자꾸만 화가 나는 건지
내 나이는 익어가는 것이라고
아무리 최면을 걸어도
젊음이 그립고 지난날이 아쉽기만 해

위안

기억의 무게를 달아
마음을 안아주고 싶은 때가 있다
나이 든 걸 부끄러워하지 않는
누구라도 함께 앉아
애창곡 한번 즐겨 불러보고 싶다
밥 한술 뜨면서 소주 한잔 걸치면
흡족한 세상이 보이는 것을
흥청망청 욕심부릴 필요는 없다
언제 어디서든 혼자라도 좋고
외로운 또 누군가를 만나도 좋다
아직은 견딜만한 아픔과 그리움들
섣불리 눈물 될까 두렵긴 해도
위축되거나 작아져야 할 이유는 없다
열심히 살아온 만큼 웃음 한번 웃자
세상은 내가 바라보는 대로
아름답거나 슬퍼질 것이 자명한데
그 세상에 휘둘려 표류할 수는 없다

가는 봄

철없는 봄이 간다
한마디 말도 없이 떠나가는 봄
붙잡을 틈도 없이 아무런 대책도 없이
봄이 가면 봄만 가는 것이 아닌데
세월도 가고 나도 가고
당신이 가면 내 마음도 따라가는데
바람 난 바람이 분다
고독한 눈동자 위로
눈치 보지 않는 바람이 분다
바람이 불면 바람만 흔들리는 게 아닌데
꽃도 흔들리고 잎도 흔들리고
바람 따라 내 마음도 따라 비틀거리는데

당신이 가면 당신 혼자 가는 게 아닌데
이 세상 어디에도 혼자 가는 것은 없는데
사랑하지 않는 사람을 사랑하는
외로운 마음만 있을 뿐인데

무엇이 보이나요

우리가 만나면 무엇을 보나요
사람과 사랑 무엇을 보나요
사랑을 보나요
사람을 보나요

우리 서로 만나면
어떤 사랑이 보이나요
달콤하고 가슴 뛰는 사랑
아프고 눈물 나는 사랑
그리움에 가슴 태우는 애틋한 사랑

그냥 보는 것은 사랑이 아니예요
사람이 사람을 만나고
사랑이 사랑을 만날 때
따뜻하게 느껴야 사랑이예요
포근하게 품어야 사랑이예요

사랑은 눈이 아닌
가슴에 숨어 있으니까요
우리가 만나면 사랑이 보이나요
느낌이 올 때까지 사랑을 기다리나요

백마강에서

세월이 흐르고
강물이 흐르고
사연 담은 구슬픈 노랫가락을 흘려보내며
그렇게 백마강은 살아왔다
백제도 의자왕도 아무런 말이 없는데
낙화암의 삼천궁녀는 전설이 되어
백마강의 푸르른 물결이 되었다가
고란사의 종소리로 흐르고 있고
다시 천오백 년의 세월 뒤에
귀 기울여 듣는 이 있네
잊고 살았던 잃었던 길을 찾아 걸으며
그리움을 달래보네
백제여, 아직 잠들지 못한 영혼이여

나이에 대한 단상斷想

먹을수록 허전해지는 것은
가슴이 따뜻한 사람이 그리워서이다
수많은 사람 속에서도
사람이 그리워 찾아 나서는 건
쉬이 떨어지는 꽃잎 탓이다
홀로 있어 외로운 것은
외로운 그 사람이 홀로이기 때문이고
홀로 있다고 다 외로운 건 아니다
마음을 닫으면 문도 닫히고
마음을 열면 그리움 가득한 세상이 보이듯
마음이 지치면 생生도 무거워진다
분노보다 웃음이 먼저 나오는 이 허탈함의
주소를 무슨 색으로 칠해야 하나
세월의 등 위에서 멀미를 느끼는 것은
먹을수록 마음이 가려워지는 까닭이다
꿈꾸는 사람은
나이 앞에 절망하지 않는 법
나이는 냄새가 없기 때문이다

영축산靈鷲山 계곡에서

시원한 물소리 새소리가
축복인 양 드리워져
웃음꽃으로 피어나는 영축산靈鷲山 계곡

구름과 바람은 억새밭을 맴돌며
내 안의 나를 찾는
관세음보살 불경 소리를 마중한다

세상만사 꽃피어 아름다운데
속세에 사무치던 죽비소리
멀고 먼 길 굽이돌아
어느 세월에 부처님 뜨락에 닿을까

석가여래의 미소 가득한
피안의 세계를 향하여
던져진 삶의 화두로
일생을 고뇌하고 번민하는 인생사

차안과 피안의
경계를 씻어 말리는 계곡
물소리는 어디로 흘러가고
새소리는 어느 숲으로 스며드는가

좋다

부르지 않아도
어김없이 찾아오는 오늘이나
싫든 좋든
기다려야 하는 내일이나
나에게 주어진 하루라서 좋다
어제는 무사히 지나간 하루라서 좋고
오지 않은 내일은 설렘이 있어 좋다
어제를 아쉬워하기보다
내일을 걱정하기보다
무엇이든 할 수 있는 오늘에 의지하면서
주어진 삶을 사랑하고 싶다
어제도 내일도
오늘이 있어 존재하는 것이다
오늘만큼 값진 보석은 없다
내가 있어 모든 것은 존재한다

내 이름 2

필요할 때마다 앞세워
욕이나 뭇매를 대신 맞게 했지만
한 번도 따뜻하게 다독여 준 적 없다
요란한 울음소리로 세상에 신고할 때
한세상 멋지게 살아보라고
지어주신 샛별처럼 빛나던 이름
비에 젖고 세파에 흔들리며
목마른 생을 살다 보니 멍들고 녹슬어
만(萬)개의 구슬(玉)이 된 이름
깨끗이 닦고 꿰어 목에 걸어 본다
처음처럼 빛나기를 기대하면서
내 이름을 기억해야 한다
녹과 묵은 때를 닦아내어
맨 처음 반짝이던 그 이름을
비록 가난한 이름일지라도
마음 다해 '사랑한다.' 고백해야 한다

신新 기도문

고마움과 감사함으로 기도합니다
자신을 위해서는 아무것도
바라거나 기도하지 않게 해주시옵고
오직 매사에 감사함과
고마움을 느낄 수 있는 진솔한 사람이
되게 하여 주시옵소서
평범하게 사는 것이 얼마나 행복한 건지
수시로 깨닫게 하여 주시고
남을 위하는 일이 진정
자신을 위하는 일이라는 것을 알게 하소서
말만 앞세우는 나약한
사람이 되지 않게 하여 주시옵고
사람을 두고 계산하거나 의심하지 않는
자비의 마음을 갖게 하여 주소서
불평, 불만, 불행을 잠재우는 것이
긍정의 힘이라는 것을 알게 하소서

남을 위한다는 오만함을 갖지 않게 하시고
자리이타自利利他의 마음을 지니게 하여 주소서
진정 고마움과 감사함으로 기도하옵니다

김 만 옥 제4시집

처음 가는 길

5부

의미

한 사람을
생각하면서
하루를 열고

온종일
그리움으로
하루를 견디다

꿈속까지 비춰 줄
환한 웃음에 젖으며
하루를 마감합니다

훔치는 일

훔치는 건 도둑질이다
내 것이 아닌 걸 몰래 갖는 건
훔치는 일이다
좀도둑은 물건을 훔치고
대도大盜는 지식과 명예를 훔친다
무작정 훔치려 드는 사람이 있다
마음은 얻지 못하면서
사람만 훔치려 들면
세상은 그를 도둑이라 부른다
마음을 훔친다는 건
한 사람을 얻는 일이다
마음을 훔칠 줄 안다면
그를 도둑의 명인이라 불러도 좋다
진실한 마음을 훔친다는 건
사람을 얻고 세상 전부를 얻는 일이다

참 좋다

꽃밭에 물을 주듯
마음을 가꾸니
보이지 않던 기쁨이 꽃이 피고

만나는 가슴마다
사랑을 심어주니
외로운 벌판이 꽃들로 아름답다

꽃피어 향기로운
살아있는 하루하루가
날마다 참 좋다

마음이 가는 사람

왠지 마음이 가는 사람이 있다
물이 스며들 듯
부담 없이
스며들 것 같은 사람

자꾸만 끌리는 사람이 있다
가벼운 농담만 들어도
생의 문을 활짝
열어젖히고 싶은 사람

가끔 안부가 궁금해지다가도
'별일이야 있겠어.' 하고
믿고 안심이 되는
날마다 웃음을 분양해 주는 사람

나도 한때는

나도 한때는
당신 같은 시절 있었지

지금 젊은 당신도
언젠가는 나처럼
젊은 날을 그리워할 날 올 거야

어떤 어른도
언젠가는 어린이였듯
어떤 젊은이도
언젠가는 황혼에 이르고 말지

누구나 한때는 있는 법
안 그런 척 살아갈 뿐
맘속으로만 그리워하며 살아갈 뿐

민주화民主花 5

꽃이 아닌 꽃
향기 대신
감동으로 물결치는 꽃

여린 열망들을
물관부로 밀어 올려
화산火山처럼 폭발하는 꽃

한 번 피어나면
꺼질 줄 모르는
핏빛을 머금은 자유의 꽃

볼 수도 없고
꺾을 수도 없는
영원히 지지 않는 불멸의 꽃

세상이 나를

한결같은 마음으로
살고 싶습니다

세상이 나를
욕하든 칭찬하든
그저 감사합니다 고맙습니다

바람이 잎을 다 떨구어도
봄이면 변함없이 싹이 돋아나듯

태어난 고마움과
사랑할 수 있는 감사함을
잊지 않고 살아가고 싶습니다

오늘도 난 말합니다
고맙습니다
그리고 감사합니다

친구야

말 못 할 아픔을 안고 살았구나
남모를 가슴앓이를 하고 살았구나
아무 일 없는 듯 웃던 그 얼굴 뒤에
찢어지는 아픔을 갈무리한 채
세상의 중심을 향해 뚜벅뚜벅 걸었구나
알아주는 이도 반기는 이도 없지만
살기 위해 그렇게 걸었구나
같은 길 같은 시간을 걸을지라도
너의 길은 몹시 뜨겁거나
차갑거나, 미끄러웠을 텐데
끝까지 살아 주어 고맙구나

친구야
살아있는 이 순간을 감사하자
눈빛으로 마음을 읽고
센스 있게 깨어있음을 느끼며

함께 할 수 있음을 고마워하자
한잔 술로 마음을 위로하고
한잔의 커피로 정을 나누며
흔들림 없이 끝까지 함께 가자구나

그것이 나인 걸

모든 가능성과
세상 슬픔의 반을 간직한 사람
인정하기 싫지만 그것이 나인 걸
때론 천사가 되고 싶다가
범죄자가 되고 싶다가
또 누군가를 죽도록 사랑하면서
설명할 수 없는 이유로
뜨겁게 증오의 눈물을 흘리고 있는
나이기 싫지만 진정 그것이 나인 걸
꽃을 닮지 않아도 꽃게로 불려지듯
싫지 않은 나로 살아가고 싶다
피눈물이 아닌 눈물을 흘려보고 싶다
거짓도 위선도 가지를 잘라버리고
늪에서 높이 날아오르고 싶다
감각이 없는 시선으로 세상을 훑다가
핏발 선 눈빛으로 나를 훑다가
사랑이란 간판에 기대어 쉬고 싶다
간절히 인간을 느끼며 살고 싶다

불가사의

해답을 알 수 없는
풀 수 없는 방정식이다

많이 먹을수록 빨리 죽고
먹으면 먹은 만큼 오래 사는
이해할 수 없는 특별한 이것
이걸 먹지 않고 살 수는 없다

남보다 먼저 먹을 수도
굶거나 과식할 수도 없다
남녀노소 누구나
배부른 줄 모르고 먹는 특별한 음식

맛이 없다고 입맛이 당긴다고
투정을 부리거나 욕심낼 수 없는
무조건 일 년에 한 번만 먹어야 하는
세상에서 가장 공평하게 분배되는 음식

아이고 다리

어디를 봐도 평화롭고 미치도록 아름다워
신들의 정원이라 불리는 천국 팔라우에는
꿈에도 상상 못한 아이고 다리가 있다
태평양전쟁의 흔적이 그대로 남아 있고
한국인 징용자들의 상처가 깊게 새겨져 있는 곳
코롤섬과 응게카페상섬을 잇는 다리를 만들면서
얼마나 못 먹고 아팠으면
얼마나 견디기 힘들었으면
날마다 끙끙 앓았던 '아이고~' 신음소리

원주민들의 입을 통해 고스란히 전해져
한국말 그대로 이름 붙여진
남태평양 팔라우공화국의 아이고브릿지는
안타깝게도
전쟁이 끝난 지 80여 년 동안을
징용자들의 이름 대신 일장기를 달고
그날의 처절했던 신음소리를 도난당하고 있다

장미가 더 아름다운 건 가시 때문이듯이
팔라우가 이토록 아름다운 건
말 못 할 아픔을 간직한 슬픔 때문인 것을
선조들의 땀과 눈물이 뜨겁게 맺혀 있는
팔라우 아이고 다리에 쏟아져 내리는 비는
선조들이 흘리는 멈출 수 없는 통곡의 눈물이다

* 역사기록에 의하면 태평양 전쟁 당시 1936년 일본군에 의해 징용군으로 끌려온 200여명의 한국인 징용자들에 의해 지어진 아이고다리이다. 당시 다리공사에 시달리던 한국 징용자들이 저녁마다 "아이고, 아이고" 하면서 끙끙 앓는 소리를 내자, 그 소리를 듣던 원주민들이 이 소리를 따서 다리 이름을 붙였다고 한다.

JSA(공동경비구역)

언제부터였을까
넘을 수 없는 선이 되어버린 곳
국경선도 아니고 38선도 아닌
높이 5cm, 넓이 50cm의 담 벽
붉은 벽돌 한 장 높이를 넘는데
70여년의 세월이 걸렸다
낮으면서 가장 높고
가까우면서도 가장 먼 곳
지구상에서 가장 넘기 힘든
이름하여 JSA
한민족의 통점痛點 판문점 공동경비구역이다

(Joint Security Area , 公同警備區域)

독도의 아리랑

말로만 듣고 살았습니다
남들의 글만 읽고 그러려니 방심한 사이
누군가가 억지를 부리고 있다는걸
세계로 눈길 돌리면서 알았습니다
우리의 생각이 얼마나 어리석었는지를
독도에 와보고 깨달았습니다
선착장에 두 발을 내딛는 순간
핏줄의 끌림 같은 무언가를 느끼면서 알았습니다

날카롭게 울부짖는 괭이갈매기와
멸종되어 조각상으로 다시 태어난
속엣말 다 못한 듯한
강치의 슬픈 두 눈동자를 바라보면서
침묵하는 것이 독도를 위하는 것도
이사부 장군, 안용복 장군, 김성도 이장의 뜻도
결코 아니라는 것을 깨달았습니다

잘못된 역사를 바로잡으라며
호통치는 성난 파도 소리를 들으며 생각했습니다
나무는 뿌리가 있고
민족은 핏줄이 있고
나라는 유구한 역사와 전통으로
과거와 현재와 미래가 존재하는 것이며
지구는 사랑과 평화가 공존해야
인류의 역사가 번영해 간다는 이치를 생각했습니다

징병으로, 징용으로, 정신대로 꽃다운 젊음들이 죽
어가고
피 끓는 청춘들이 신음하며 절망에 몸부림치던 그때
강치들은 화승총과 그물에 포획捕獲되고 남획濫獲되어
허리띠와 핸드백, 구두 가죽으로 박음질 된 채
낯선 이국땅으로 팔려 가 영혼 없는 삶을 살았다는
독도의 아리랑을 똑똑히 들었습니다

어둠의 터널이 너무나 길고 혹독했다는 것을,
어리석음의 결과가 얼마나 처참했는지를 되새기며
누구도 함부로 자기네 땅이라고 시비 걸도록
방치해서는 결코 안 되는 한국의 땅이라는 것을,
한강의 기적을 발판으로 한류의 열풍에 혼불을 지펴
경제 대국 통일의 한반도로 거듭나야 한다는 것을
독도의 아리랑을 부르며 다짐했습니다

| 평설 |

글은 왜 쓰는가. 우리가 살아가는 데도 목적이 있듯이 글을 쓸 때도 목적이 무엇인지 분명해야 한다. 결국 글을 쓰는 목적은 자신의 뜻이나 생각을 남에게 전달하거나 공유하기 위함일 것이다. 그렇다면 어떻게 쓰는 것이 가장 효과적인 방법인지를 생각해봐야 한다.

글은 재미나 감동 또는 교훈적이어야 한다고 모두가 말한다. 맞는 말이다. 하지만 그것만으로는 무언가 조금 아쉬움이 남는다. 오래전부터 나는 여기에 한 가지 더 '맛'을 추가해야 한다고 생각해 왔다. 즉, 재미와 감동이 있고, 교훈이 담긴 내용을 보다 맛나게 쓴다면 더욱 좋지 않을까 생각해왔다. 다시 말해 사람들이 글을 읽고 그 맛에 취해 입맛을 다시거나, 읽을수록 감칠맛을 느낄 수 있도록 써야 한다. 그래야만 그 글은 생명력을 갖는 살아있는 글이 될 수 있다. 글이란 멋있게 쓰는 것이 아니라 맛있게 써야 한다.

책의 홍수 시대라 할 만큼 글이 넘쳐나는 시대를 살

고 있다. 이럴 때일수록 오래도록 독자들과 함께할 수 있는 생명력이 긴 글을 써야 할 것이다.

시는 느낌과 감정(생각)을 글로 표현한 감동적인 메시지라 할 수 있는 만큼, 글이 모두 시가 되는 것은 아니다. 시가 되기 위해서는 먼저 시의 기본 요소가 무엇인지부터 알아야 한다.

첫째, 시는 언어예술이며, 그 언어가 바로 비유와 상징으로 만들어지는 함축적인 언어라는 것이다.

둘째, 익히 알고 있는 바와 같이 리듬이 있는 언어 즉 운율적인 언어라는 것이다.

셋째, 이미지를 통해서 의미를 전달하는 이미지 언어로서 관념을 실재와 유사한 구체적인 형상으로 나타낼 수 있어야 하며,

넷째, 욕심을 더 부린다면 인식의 새로움(낯설게 하기)과 모호성(다의성), 응축미, 개성, 미적 쾌감(감동)까지 기본요소로 갖추어야 한다.

그럼, 시는 어떻게 써야 할까? 누구나 쉽게 이해할 수 있고, 잘 알아볼 수 있는 쉬운 시를 써야 한다. 시를 읽는 이가 없다고 탓하기에 앞서 읽는 사람마다 가슴에 깊은 울림이 있도록, 쓰는 사람이 읽는 사람의 눈높이에 맞추어야 한다.

이정록 시인은 “시는 시를 모르는 사람이 읽어도 감

동이 있어야 하고, 시를 쓰는 사람이 읽어도 감동이 있어야 한다."고 말했다.

정용원 시인은 시론詩論에서 "시詩를 쓰는 사람만 시인이 아니다. 시詩는 말씀언(言) 변에 절사(寺)로 합성된 글자이다. 즉 절의 말씀이 시라는 뜻이다. 절이란 부처님이나 예수님 또는 성현의 가르침을 설법하는 집이다. 그러나 자연 속에서 인간만 절에서 가르침을 펼치고 가르치는 것은 아니다. 산속의 새들도 자기들끼리 울고 노래하고 춤추고 이야기를 하며 살아간다. 그들의 노래가 바로 시가 된다. 배가 고파 울면 슬픈 시가 되고 배가 불러서 노래하면 즐거운 시가 된다. ....(후략)"고 했다.

좋은 시 쓰기는 은유를 적절히 활용할 수 있을 때 가능하다. 하지만 마치 은유가 시 쓰기 모두인 것처럼 잘못 이해하고 있는 경우가 많다. 하고 싶은 말이나 쓰려고 한 시의 글감은 오간 데 없고 무엇을 쓰려했는지 알 수 없도록 어려운 낱말들만 골라서 시에 끌어다 쓰고 있다. 그러면서 하나같이 말하기를 '시를 이해하는 것은 독자들의 몫'이라는 무책임한 말로 넘어가려 한다.

시란 주체를 어떤 객체와 엮어가느냐에 따라 다양한 해석이 가능한 프리즘과도 같은 것이다. 독자들에게 어떻게 다가갈 것인지를 고민하며 창작에 임한다면 보다 더 좋은 작품을 생산해 낼 수 있을 것이라 생각한다.

붉게 물든 노을 속으로
부지런히 달려온 길이 잠겨든다
지척 어디쯤에서 들려오던
안간힘으로 버티던 비명소리 들으면서
용케도 살아남은 자의 변명 같은
칼바람소리에 귀 기울인다
기다림은 언제나 시간을 견디는 일
급할 것 하나 없는 데도
심장을 다그치는 초침소리에 허겁지겁
어둠이 물든 침묵을 불 밝힌다
이승의 끝자락에 발 걸친 채
끝내 떨쳐버리지 못한 미련들 위로
흔적조차 없어질 흔적 하나
허공중에 남기려한다
영원한 그리움에 젖어 산 원죄 하나가
바람 한 점 구름 물고 툭 떨어진다

–「흔적」 전문

(2022년 부산시단 제32호 봄호 작품상 수상작)

이미저리는 〈노을, 비명, 어둠, 끝자락, 허공, 원죄, 구름〉 등 부정적인 것이 중심을 이룬다. 그러나 '어둠이 물든 침묵'은 문맥상 표면적으로는 부정적이나 내면적으로는 긍정적이다.

이 詩의 독창성은 "용케도 살아남은 자의 비명 같은 / 칼바람 소리", "어둠이 물든 침묵을 불 밝힌다.", "흔적조차 없어질 흔적하나", "영원한 그리움에 젖어 산 원죄 하나가 / 바람 한 점 구름 물고 뚝 떨어진다." 등에 잘 나타나 있다. 이러한 인식의 갱신은 함축성과 다의성 때문에 모호성을 띠지만 이것들이 우리에게 감동(미적 쾌감)을 안겨준다. 동시에 이 詩는 삶의 지혜라는 교훈도 주는 이중의 효용성을 가지고 있다.

(심사평 – 강준철 심사위원장)

과거를 돌아보아 아름답지 않은 추억은 없다고들 말하지만 현실이 고달프고 힘이 들면 과거의 모습도 각기 달라진다. 차분히 돌아보면 진즉부터 이렇게 했어야 했는데, 좀 더 잘 할 수 있었는데......잘 못 살아온 진한 아쉬움에 가슴을 치며 뒤늦게 후회하게 되는 일이 한두 가지가 아니다.

빈 깡통이 요란한 것도 일반적으로 부족한 자신을 포장하기 위함보다, 못 견디게 하는 자신의 허전함을 채우기 위한 몸부림일 수도 있다.

누구나 한 번쯤은 하루를 마치는 시점에서 자신의 인생을 돌아보게 된다. 지나온 과거가 현실과 접목되어 행복 대신 자리한 아픔이 덩그러니 눈 마춰 오면 자신도 모르게 가슴 치며 후회의 한숨을 쉬고 만다. 그래서 조용한 바람이 아니라 안타까운 비명소리 같은 칼바람 소리를 듣게 되는 것이다.

한 가정을 꾸려서 자식들을 다 키웠으면 그것으로 만

족하고 남은 인생을 즐기면 될 터인데 그러지를 못한다. 왠지 모를 초조함과 다급함이 마음을 재촉하고 다그치는 것이다. 부질없는 욕심이 허겁지겁 이승의 마지막을 장식하려 하는 것이다. 그래서 무엇이든 부지런히 기록을 하고, 사진을 찍고, 역사를 만들며 자꾸만 자신의 보잘것없는 흔적을 남기려 하는 것이다. 결국은 모두가 사라져버리고 빈 공간만이 존재하게 되리란 것도 모른 채 그 쓸쓸한 허공중에 흔적을 남기려 머리를 싸매고 고뇌하는 것이다. 하지만 평생동안 안고 살아온 그 몹쓸 그리움마저도 이젠 다 놓아버리라고 바람이 부질없는 욕심과 어리석음을 일깨워주고 있다.

왔던 길은 이미 길이 아니다
새로운 문을 열어야 나오는 길
길은 어디든 갈 수 있지만
가지 않으면 또한 길이 아니다
무작정 앞서가거나
게으름을 피우며 뒤처질 수도 없다
갈 수 없는 길을 고집하거나
왔던 길로 되돌아갈 수도 없고
오직 정해진 만큼만 가야 하는
한 번도 가보지 못한
처음 가는 낯선 길이다
꽃길이든 가시밭길이든
앞으로만 열려 있는
거룩한 성전에 드는 노년의 길이다
좋은 날을 택하여 가고 싶다

아름다운 길을 닦으며 걷고 싶다
마음 편히 되돌아볼 수 있는
그리움 가득 드리운 길을 만들고 싶다

―「처음 가는 길」 전문

누구나가 갈 수 있는 곳이 길이다. 하지만 내가 가지 않으면 내게는 길이 아니다. 오직 가는 사람에게만 길이 된다.

"무작정 앞서가거나, 게으름을 피우며 뒤처져"서는 안 된다. 또한 "갈 수 없는 길을 고집하거나, 왔던 길로 되돌아갈 수도 없는"것이 인생길이다.

빨리 가고 늦게 가고의 문제가 아니다. 인생은 속도가 아니라 방향이란 말이 있다. 관중管仲이 늙은 말을 이용하여 길을 찾았다는 고사에서 유래된 말로 노마지도老馬知道란 고사성어가 있다. 빨리 갈 줄만 아는 젊은 말보다 가는 길을 아는 늙은 말의 지혜가 필요하다는 얘기다. 왔던 길을 되돌아가 다시 살 수 있다면 좋겠지만 인생은 그럴 수가 없다. 오직 앞쪽으로만 가야 하고 정해진 만큼만 가야 하는 것이 인생길이다.

고대인들은 별을 보고 길을 찾았고, 중세 사람들은 신神을 보고 길을 찾았으며, 현대인들은 네비게이션을 보고 길을 간다는 말이 있다. 이 말은 과거와 현대의 살아가는 방식 차이를 나타내는 말로서 시사하는 바가 크다. 좋은 나침반과 훌륭한 지도자까지 있지만 길을 잃는 사람은 현대인이 더 많다는 것은 무엇을 말하는 것일까. 성인들이 간 길도 나에게 맞는 길이 될 수 없다. 성인의 길은 길의 방향이나 행로를 알려주는 안내도일 뿐이다.

길(路)은 발족(足)과 따로 각(各)으로 이루어진 글자이다. 각자 자기 발로 걸어가는 그 길이 자신의 인생길인 것이다.

흔히들 노인은 많은데 어른은 많지 않다고들 한다. 왜일까?

우리나라도 65세 이상의 인구가 급속히 늘어나 이제는 고령화 사회로 진입했다. 고령화(高齡化)는 노인 인구를 전체 인구로 나눈 노인 비율이 증가하는 것을 말하는데, 총인구 중 65세 이상 인구가 차지하는 비율이 7% 이상이면 고령화이다.

고령화 사회에서 어른은 많지 않고 노인만 많다는 것은 크나큰 문제다. 그렇다면 노인과 어른의 차이가 무엇일까. 여러 가지가 있겠지만 가장 두드러진 것은 있고 없고의 차이다. 어른은 지식과 지혜가 많은 반면, 노인은 잔소리와 간섭이 많다는 것이다. 때문에, 처음 가는 "노년의 길은 거룩한 성전에 드는" 어른의 길이 되어야 한다. 언제 돌아보고 누가 바라보아도 부끄럽지 않은 떳떳한 길이 되어야 한다. 좋은 날을 택하여 그리움 가득 드리운 아름다운 길을 닦으며 가야 하는 것이다.

지구를 떠도는 행성이다

편지지에 박힌 순수한 눈빛과
외눈박이 기다림과
부화하지 못한 현실의 시간들이
그리움으로 머무는 정거장이다
한 바구니의 농담과
한 계절의 웃음과
한 생애의 슬픔이
알맞은 양념으로 숙성되면서
눈이 내리고
꽃들은 피었다 지고
뾰족한 비바람이 어깨를 더듬는 동안
내가 키워온 유순했던 그 사랑은
지금쯤 어느 별에 가 닿았는지
삼백육십오일 잘 삭혀진 후에 배달된다는
느린 우체통은
반백 년이 지난 지금도 입 벌리고 서있다

–「느린 우체통」 전문

느린 우체통은 편지를 1년 뒤에 배달해주는 아날로그 감성의 우편 서비스다. 바쁘게 돌아가는 디지털 사회 속에서 느림의 미학을 일깨우며 감성과 힐링의 공간을 제공해 주는 느린 우체통은 각자의 사연에 따라 특별한 추억이나 기분 좋은 경험을 배달할 수도 있다. 우정사업본부에 따르면 현재 느린 우체통은 전국 총 324곳에서 운영되고 있다고 한다.

만날 수 없는 사람을 위해 의자를 비워둘 때의 그 쓸쓸한 심정이나 느낌 같은 것은 디지털로는 다 담을 수 없다. 하지만 편지는 종이에 고백하듯 모두 쓸 수 있는 장점이 있다. 1년 뒤의 누군가를 생각하며 편지를 쓰고 우표를 붙이는 특별한 경험을 통해 느림의 미학과 행복한 기다림을 실현할 수 있는 것이 느린 우체통의 장점이자 특징이라 할 수 있다.

편지 한 통 쓸 여유조차 없이 바쁜 현대 사회에서 아날로그의 감성으로 한 해를 추억할 수 있는 좋은 공간으로 활용할 수 있고, 부모 세대에게는 추억과 향수를, 자녀 세대에게는 아날로그 감성 추억을 만들어 볼 수 있는 기회를 제공해 준다는 점에서 느린 우체통은 의미가 깊다.

또 한편으로는 연인들이 서로의 사랑을 키워가기 위하여 1년 후 배달될 사랑의 맹세 편지를 받고자 (과연 1년 후에도 서로가 사랑하고 있을까? 궁금해하며 붙인) 사랑의 맹세문만 모아서 배달하는 느린 우체통도 있는데, 반백 년이 지난 오늘도 배달되지 아니하고 그리움만 태산처럼 쌓이고 있다면 생각할수록 눈물이 날 수밖에 없는 그리운 사랑의 우체통이리라.

내가 사랑했던 그 사랑, 지금은 어느 별에 살고 있는지, 사랑을 잃어버린 사람은 잃어본 적 없는 사람보다 감성이 아름답다. 때문에 우체통이 빨간 이유가 한없이 흘린 슬픈 눈물에 온몸이 붉게 물든 것이란 말도 있다. 또 누군가는 붉은 우체통은 그리움으로 문신이 새겨진 붉은 심장이라 말하기도 한다. 유통기한이 없는 것이 사랑과 그리움이니까.

고요가 앉았다 날아간
바람의 날개 끝에 어여쁜 꽃이 핀다
봄은 올 때마다 새봄인데
장마로 얼룩진 지난여름은 철이 없었다
한 가슴에만 머물지 못할
가을은 또 어떤 색을 몰고 달려올 건지
사랑이 아무리 신음을 한다 해도 돌아보면
나쁜 사랑은 없었다
벌레 먹은 단풍잎이 더 고왔다
짓궂은 바람이 꽃을 피우는 동안
바라보는 내 마음을 색깔별로 칠한 꽃
남몰래 일곱 빛깔 무지개를 그린
여백의 마루 끝에 은유로 피어나는 꽃

–「단풍꽃」 전문

어떤 꽃이든 꽃은 다 아름답다. 그렇듯이 우리 인간도 모두가 다 존엄한 가치를 간직한 인격체다. 하지만 현실은 어떤가. 상처 입은 꽃도 있고 제대로 피어 보지도 못하고 꺾여버린 참담한 절망의 꽃도 있다.

고요를 뚫고 적막한 순간에 어여쁜 한 생명으로 이 땅에 태어난다. 처음 태어날 때는 누구나 희망찬 새봄으로 꿈 많은 한 인생으로 태어나지만, 온갖 변덕스러운 여름 날씨처럼 철없이 청춘을 낭비하기도 한 까닭에 중년의 가슴엔 다양한 색깔의 추억들이 자리하게 된다.

더 잘 할 수도 있었는데~~~ 온갖 아쉬움과 후회들로 가슴이 아프기도 하지만 돌아보면 나태한 삶을 살지도, 죄를 짓고 살지도 않았다. 그 순간 순간 최선을 다했고, 나름대로 열심히 살았기에 나쁜 청춘은 없는 것이다. 오히려 어려움을 뚫고 고난을 극복한 삶이 더 값있고 아름다운 것이다. 시작이 그러했듯이 가만히 돌아보면 나쁜 사랑은 없다. 단지 아픈 사랑만 있을 뿐. 이제 남은 인생은 어떤 꽃을 피워야 할지. 여백의 마루 끝에 피어날 은유의 꽃 한 송이 그려본다.

철없는 봄이 간다
한마디 말도 없이 떠나가는 봄
붙잡을 틈도 없이 아무런 대책도 없이
봄이 가면 봄만 가는 것이 아닌데
세월도 가고 나도 가고
당신이 가면 내 마음도 따라가는데
바람 난 바람이 분다
고독한 눈동자 위로
눈치 보지 않는 바람이 분다
바람이 불면 바람만 흔들리는 게 아닌데
꽃도 흔들리고 잎도 흔들리고
바람 따라 내 마음도 따라 비틀거리는데

당신이 가면 당신 혼자 가는 게 아닌데
이 세상 어디에도 혼자 가는 것은 없는데
사랑하지 않는 사람을 사랑하는
외로운 마음만 있을 뿐인데

– 「가는 봄」 전문

성숙하지 못한 마음으로 보내는 봄이기에 철없는 봄인 것이다. 가지말라고 잡지도 못하고, 그렇다고 어떤 뾰족한 대책이 있는 것도 아니다. 그냥 가는 봄을 물끄러미 바라보기만 해야 한다. 그러나 결국은 가만히 있지를 못하고 마음이 따라가고 마는 것이다. 흐르는 세월 따라 나 역시도 시간의 흐름을 거역할 수가 없는 것처럼.

겉으로 보기에는 바람이 아무런 제한 없이 거리낌 없이 부는 것 같지만 바람 역시 기후 변화에 의해 성난 태풍이 되기도 하고 온순한 미풍이 되기도 한다. 사막을 지나거나 아름다운 숲을 지날 때는 바람도 유혹을 느끼게 된다. 바람이 난 바람은 고요하지 않고 변덕스럽고 심술을 부리기도 한다. 삶이 고독한 것은 누구에게나 마찬가지다. 아무리 즐겁고 재미난 삶이라 할지라도 찾아오는 고독한 순간은 피할 수가 없다. 바람 따라 꽃도 흔들리고 잎도 떨어지듯이 드넓은 이 세상을 비틀거리며 갈 때도 있는 것이다.

사랑은 쌍방향일 때 가장 아름답고 달콤한 것이다. 어느 한 방향으로만 흐르는 사랑은 외롭고 서러운 것이다. 하지만 사랑은 어떤 것이나 다 고귀한 것이기에 진정한 사랑은 조건을 따지지 않고 어디든 끝까지 쫓아가게 되어 결국은 혼자 가는 것이 아닌 것이다.

보내지 아니하였지만 무정하게 떠나가는 사랑을 바라보는 그 안타까운 마음. 끝없이 쫓아 가보지만 나를 사랑하지 않는 사람을 사랑하는 그 외로운 마음만이 덩그러니 혼자 남게 되는 것이다.

모든 가능성과
세상 슬픔의 반을 간직한 사람
인정하기 싫지만 그것이 나인 걸
때론 천사가 되고 싶다가
범죄자가 되고 싶다가
또 누군가를 죽도록 사랑하면서
설명할 수 없는 이유로
뜨겁게 증오의 눈물을 흘리고 있는
나이기 싫지만 진정 그것이 나인 걸
꽃을 닮지 않아도 꽃게로 불려지듯
싫지 않은 나로 살아가고 싶다
피눈물이 아닌 눈물을 흘려보고 싶다
거짓도 위선도 가지를 잘라버리고
늪에서 높이 날아오르고 싶다
감각이 없는 시선으로 세상을 훑다가
핏발 선 눈빛으로 나를 훑다가
사랑이란 간판에 기대어 쉬고 싶다
간절히 인간을 느끼며 살고 싶다

–「그것이 나인 걸」 전문

세상을 살아간다는 것은 결코 쉬운 일만은 아니다. 꽃피고 새가 우는 따뜻한 봄 동산을 거닐 때도 있지만,

비바람 몰아치는 칠흑 같은 밤길을 동행도 없이 혼자 가야만 할 때도 있다.

누구나 좋은 사람 훌륭한 사람이 되어, 행복을 누리며 살고 싶겠지만 내 뜻대로 되는 것은 아니지 않는가. 살다가 보면 내 뜻과는 정반대의 삶을 살아야하는 경우도 있고, 전혀 예상치 못한 행운도 얻고 불행도 겪게 되는 것이다. 그러나 중요한 것은 나만 그런 게 아니고 모든 사람이 다 똑같다는 것이다. 그렇다면 얘기는 달라진다. 같은 조건이라면 노력 여하에 따라 삶의 질도 달라질 수밖에 없다.

가능성이라는 것은 희망이다. 희망이 있다면 무엇이든 도전해봐야 한다. 부정보다는 긍정의 마인드 라는 등불을 켜고 힘차게 새 출발을 해야 한다. 사랑도 할 수 있고 미워도 할 수 있다. 하지만 피눈물이 아닌 가슴 따뜻한 눈물을 흘려보고 싶은 것이다.

거짓이나 위선은 싹부터 잘라내야 한다. 사랑은 어떤 간판이라도 크게 내걸어야 한다. 열심히 살아온 누구라도 피로하면 기대어 쉴 수 있는 그런 사랑을 간직한 사람이 될 수 있기를 간절히 기도하며 살고 싶은 것이다.

꽃잎 하나 툭 떨어져
시간이 금이 가고
팽창하던 풍선 하나 터져버리면
긴장된 시간은 파편으로 흩어진다

흔들림은 중심에서부터 시작되고
중심은 생의 변곡점이 되어
한 줌의 햇살과
한 조각의 빛도 제 자리에서 아름답다

기울기 하나
흔들림 하나도 놓치지 않는 세상은
진정 균형均衡으로 아름다울 터
균형은 초심을 잃지 않는 사랑이다

그대에게 항상 내 마음이 기울어 있어
세상이 기운 줄만 알았는데
기쁨과 슬픔의 무게를 저울질해대는
거울 속 내 마음이 흔들리고 있다

–「균형을 말한다」 전문
(2023년 수영문예 제27호 작가상 수상작)

김만옥 시인의 시 「균형均衡을 말한다」에는 생을 바라보는 시적 화자의 눈이 바르고 긍정적이다.

'균형은 초심을 잃지 않은 사랑'이라는 뚜렷한 주제의식이 돋보였다. 흔들림은 중심에서 시작되므로 균형을 이루어야 한다고 화자는 말하고 있다.

꽃잎, 풍선, 햇살, 거울 등 다양한 시적 대상을 동원하여 비유하며, 감각적 이미지를 활용하여 문학적 형상화를 이루고 있다. 삶에는 기쁨과 슬픔의 무게로 늘 흔들림이 있다. 그 가운데 생의 균형을 잃지 않으려는

화자의 다짐을 시적 형상화를 통해 잘 표현하고 있는 뛰어난 작품이다.

(심사평 – 이용철 수영구문인회 회장)

눈이 녹으면 어떻게 될까?
그야 물이 되지 뭐

그럼, 얼음이 녹으면?
마찬가지로 물이 되잖아

그래 맞아 그런데,
세상은 그렇게 단순하지만은 않아

눈이 녹고 얼음이 녹으면 봄이 와
꽃피고 새가 우는 봄이 오는 거야

시인의 가슴처럼
모든 걸 따뜻하게 품어줄
새로운 세상이 오는 거야

–「시인의 가슴처럼」 전문

자연의 섭리는 순수하고 질서정연하다. 아무리 바쁘고 힘들어도 질러가거나 그 과정을 생략하지 않는다. 또한 지나치게 넘치거나 배신하지도 않는다. 때문에 자연은 그 오랜 세월을 지켜오며 인간들에게 은혜로운 혜택을 제공해 주고 있다. 하지만 나약한 인간은 그렇지 못하다. 일신의 안위를 위하여 문명의 이기를 내

세워 자연을 파괴하고 오염을 시키고 있다. 더욱이 바쁘게 살아가는 현대인들에겐 마음의 여유를 찾아보기 어렵다. 겉으로 드러난 것과 물질적인 면에만 집착하고 그 이면에 숨어있는 의미와 정신적인 질서를 바라볼 수 있는 여유를 갖지 못하고 살아가고 있는 것이 안타까운 현실이다. 그럴수록 더욱더 시인의 가슴으로 여유를 가지고 따뜻한 새 세상을 만들어 갈 필요가 있는 것이다.

위대한 사랑이 몸져누울 때
싸늘히 식어가는 것에 대한 아득함이여
세상에서 가장 먼 거리는
멀어져 가는 사랑을 바라보는 시간이다

–「거리에 대한 단상斷想」 일부

사랑이 아무리 신음을 한다 해도 돌아보면
나쁜 사랑은 없었다
벌레 먹은 단풍잎이 더 고왔다

–「단풍꽃」 일부

사랑한다고
죽도록
사랑한다고 말해놓고

세월이
한참이나

지난 지금

사랑도
얻지 못하고
아직 죽지도 못했네

–「미완성」 전문

프랑스의 뛰어난 낭만파 시인이자 극작가인 알프레드 드 뮈세는
"사랑은 시인을 다시 태어나게 하는 힘을 가지고 있어, 고통을 겪지 않은 사랑은 시인에게 의미가 없다."고 했으며, "시란 한 방울의 눈물로 진주를 만드는 것이다."고 했다.

사랑을 모르는 시인의 가슴은 메마르고 따스한 온정이 없다. 세상 만물을 품을 수 있는 사랑이 없는데, 어찌 진정한 詩 한 줄을 쓸 수 있겠는가.

매사에 감사함과 고마움을 알고 습관처럼 힘든 이웃을 사랑하는 마음으로 바라보고 노래할 때 세상은 진정 아름다운 시어詩語를 선물해 줄 것이다.

꽃이 아닌 꽃
향기 대신
감동으로 물결치는 꽃

여린 열망들을
물관부로 밀어 올려

화산火山처럼 폭발하는 꽃

한 번 피어나면
꺼질 줄 모르는
핏빛을 머금은 자유의 꽃

볼 수도 없고
꺾을 수도 없는
영원히 지지 않는 불멸의 꽃

―「민주화民主花 5」 전문

원주민들의 입을 통해 고스란히 전해져
한국말 그대로 이름 붙여진
남태평양 팔라우공화국의 아이고 브릿지는
안타깝게도
전쟁이 끝난 지 80여 년 동안을
징용자들의 이름 대신 일장기를 달고
그날의 처절했던 신음소리를 도난당하고 있다

―「아이고 다리」 일부

※ 역사 기록에 의하면 태평양 전쟁 당시 1936년 일본군에 의해 징용군으로 끌려온 200여 명의 한국인 징용자들에 의해 지어진 아이고 다리이다.
당시 다리 공사에 시달리던 한국 징용자들이 저녁마다 " 아이고, 아이고" 하면서 끙끙 앓는 소리를 내자, 그 소리를 듣던 원주민들이 이 소리를 따서 다리 이름을 붙였다고 한다.

언제부터였을까

넘을 수 없는 선이 되어버린 곳
국경선도 아니고 38선도 아닌
높이 5cm, 넓이 50cm의 담 벽
붉은 벽돌 한 장 높이를 넘는데
70여 년의 세월이 걸렸다
낮으면서 가장 높고
가까우면서도 가장 먼 곳
지구상에서 가장 넘기 힘든
이름하여 JSA
한민족韓民族의 통점痛點 판문점 공동경비구역이다
(Joint Security Area , 公同警備區域)

– 「JSA(공동경비구역)」 전문

잘못된 역사를 바로잡으라며
호통치는 성난 파도 소리를 들으며 생각했습니다
나무는 뿌리가 있고
민족은 핏줄이 있고
나라는 유구한 역사와 전통으로
과거와 현재와 미래가 존재하는 것이며
지구는 사랑과 평화가 공존해야
인류의 역사가 번영해 간다는 이치를 생각했습니다

– 「독도의 아리랑」 일부

아직도 혹자들은 문인들이 정치 관련 글을 쓰면 안 된다고 주장한다. 물론 지나친 편향적인 정치적인 글은 써서는 안 된다. 하지만 옳고 그른 것에 대해서까지 침묵해서는 결코 안 된다고 생각한다.

어른들을 위한 동화인 소설〈어린 왕자〉로 유명한 프랑스 작가 안톤 드 생텍쥐페리(1900~ 1944)(Antoine(-Marie-Roger) de Saint-Exupéry) 는 이 〈어린 왕자〉란 소설을 통하여 '인생에서 가장 좋은 것은 가장 단순한 것이고 진정한 재산은 남에게 주는 것이라는 사실'을 부드러우면서도 진지하게 상기시켜준 문인(소설가)이지만, 나치 독일에 항거해서 전투기 조종사로 전투에 참가했다가 목숨을 잃었다.

"역사를 잊은 민족에게 미래는 없다.'(A nation that forgets its past has no future)"는 유명한 말도 있다. 이 말은 영국의 '윈스턴 처칠 경'이 했다는 설도 있고, 우리나라 '단재 신채호 선생'이 했다는 설도 있지만 실제로 누구의 말인지는 출처가 확실치 않다. 하지만 그 의미는 역사의 중요성을 강조하는 것만은 틀림이 없다.

또한 다산 정약용은 그의 아들에게 보낸 편지에 "시대를 아파하고 세속에 분개하지 않는 시는 시가 아니다."라고 썼다.

절대적으로 공감이 되는 말이다.

"전쟁이 끝난 지 80여 년 동안을
징용자들의 이름 대신 일장기를 달고
그날의 처절했던 신음소리를 도난당하고 있다."

한국인 징용자들의 이름 대신 일장기를 달고 있는

아이고 다리의 진실을 알리고자 하는 것이 진정 잘못된 것이라 말 할 수 있을까.

처절했던 신음소리마저 도난당하고 있는 이 현실을 외면한다면 억울하게 희생된 한국인 징용자들의 한은 어찌할 것인가.

그리고 전 세계에서 유일한 분단국인 한국의 현실을 우리가 직시하지 않으면 누가 할 것인가.

"높이 5cm, 넓이 50cm의 담 벽
붉은 벽돌 한 장 높이를 넘는데
70여 년의 세월이 걸린"이 안타까운 현실을 절대 잊어서는 안 되는 것이다.

"나무는 뿌리가 있고
민족은 핏줄이 있고
나라는 유구한 역사와 전통으로
과거와 현재와 미래가 존재하는 것이며
지구는 사랑과 평화가 공존해야
인류의 역사가 번영해 간다는 이치를 생각했습니다."

잘못된 역사를 바로잡는 것은 너무도 당연한 일이다. 독도문제뿐만이 아니다. 문화의 동북공정에 대해서도 바로잡는데 반드시 문인들이 동참해야 한다. 펜의 힘이 칼보다 강하다는 것을 깨달아야 하는 것이다.

문학 연보

人山 **김만옥**

시인 / 수필가 / 시조시인 / 아동문학가 / 작사가

경북 의성 출생

▣ 수상 경력

* 「국민교육헌장이념구현」전국문예경시대회 장원 (1974년)
* 공무원 문예대전 (時調) 행정안전부 장관상 수상 (2009년)
* 국보문학 제11회 「예원문학상」 대상 수상 (2016년)
* 한국문학신문「올해의 기자상」 수상 (2019년)
* 제10회 「대한민국 독도문예대전」 특선 (2020년)
* 제1회 「문심문학상」 작품상 수상(2020년)
* 제27회 「부산문학상」 우수상 수상(2020년)
* 「실상문학상」 봉사상 수상(2020년)
* 제11회 「대한민국 독도문예대전」 특선 (2021년)
* 제7회 「每日시니어문학상」 당선(2021)
* 제8회 「금샘문학상」 당선(2021)
* 제29회 「실상문학상」 우수상 수상(2021년)
* 제1회 「부산문학인아카데미 문학상」 본상 수상(2021년)
* 제29회 「부산시단」 작품상 수상(2022년)
* 제4회 「수영문학상」 우수상 수상(2022년)
* 제3회 「부산국보문학상」 본상 수상(2023년)
* 제27회 「수영문예」 작가상 수상(2023년)
* 관세사 (부산경남지역 본부세관 정년퇴임)
* 옥조근정훈장(제675475호)

처음 가는 길

인쇄일 2024년 8월 16일
발행일 2024년 8월 20일

지은이 김만옥
펴낸이 박철수
펴낸곳 도서출판 해암

등록번호 제325-2001-000007호
주소 부산시 중구 대청로 138번길 9 (대원빌딩 302호)
전화 051)254-2260
팩스 051)246-1895
메일 haeambook@daum.net

ISBN 978-89-6649-252-7 03810

값 15,000원

부산문화재단

* 본 사업은 2024년 부산광역시 부산문화재단 (부산문화예술지원사업)으로 지원을 받았습니다.